Was bedeutet eigentlich der Begriff „Erziehung"?

Was bedeutet eigentlich der Begriff „Erziehung"?

Definition des Erziehungsbegriffs in Anlehnung an Kant, Brezinka und Kron

Seminararbeit
(Proseminar Grundbegriffe der Erziehung und Bildung)

Bibliografische Information der Deutschen Nationalbibliothek:
Die Deutsche Nationalbibliothek verzeichnet diese Publikation in der
Deutschen Nationalbibliografie; detaillierte bibliografische Daten sind
im Internet über http://dnb.dnb.de abrufbar.

Herstellung und Verlag: BoD – Books on Demand, Norderstedt

ISBN: 978-3-7519-0635-7

Inhaltsverzeichnis

1. Einführender Überblick

„Willst du Lehrer(in) werden?" Diese Frage hat vermutlich fast jede Studentin und jeder Student der Pädagogik schon gehört. Aber warum eigentlich? Anders als Lehrpersonen, die sich am Lehrplan orientieren können, gibt es für pädagogisches Handeln wenig spezifische Vorgaben. Der in der Bezeichnung Erziehungswissenschaft enthaltene Begriff „Erziehung" ist in der Umgangssprache zwar gängig, aber nur vage definiert, sodass viele Menschen keine klare Vorstellung von diesem Berufsbild haben (Schmid, 2016). Aber auch Pädagoginnen und Pädagogen untereinander sind sich oft nicht einig – zu viele Theorien und Handlungsoptionen gibt es, als dass eindeutig wäre, wie in einer speziellen Situation zum jeweiligen Zeitpunkt gegenüber einem bestimmten Individuum gehandelt werden sollte und wie der für ihren Beruf zentrale Begriff zu definieren ist (Koller, 2017).

Dabei ist das auf den ersten Blick abstrakt wirkende Thema aus mehrerlei Hinsicht interessant: Pädagogisches Fachwissen ist in der Theorie wie in der Praxis umstritten. Oft gilt es, unterschiedliche Ansätze mit Blick auf theoretische Analysen oder in der Praxis individuell und situationsspezifisch abzuwägen, um Antworten geben und Handlungsentscheidungen treffen zu können, die jetzt und auch in Zukunft sinnvoll sind. Daher erscheint es hilfreich, sich mit den theoretischen Grundlagen der Erziehungswirklichkeit zu beschäftigen (Koller, 2017).

Ziel dieser auf Literaturanalyse beruhenden Proseminararbeit ist es, die Frage zu beantworten, wie sich der Grundbegriff „Erziehung" definieren lässt. Zunächst stelle ich die Entstehung des Erziehungsbegriffs und Definitionsansätze aus der Philosophie, der empirischen und der kritischen Erziehungswissenschaft vor – konkret von Kant (2007), Brezinka (1978) und Kron (1996). Anschließend möchte ich die teilweise widersprüchlichen Definitionen anhand mehrerer Kriterien vergleichen. Darauf aufbauend erfolgt im vierten Abschnitt eine kritische Diskussion und Würdigung der Theorien. Abschließend möchte ich ein Fazit ziehen und in einem Ausblick Impulse zur Weiterentwicklung geben. Zu guter Letzt füge ich eine Selbstreflexion über die Auseinandersetzung mit der Thematik an.

2. Der Erziehungsbegriff
2.1 Begriffsentstehung

Obwohl der Begriff Erziehung zentral für die Pädagogik ist, gibt es bisher keine einheitliche Definition. Flitner (1997) sieht den Grund darin, dass menschliches Handeln aufgrund seiner Vielschichtigkeit generell nicht eindeutig definierbar ist. Dennoch gab es bereits viele Ansätze aus verschiedenen Fachrichtungen, die versucht haben, dem diffusen Begriff eine Form zu verleihen:

- Etymologie: Das Wort Erziehung leitet sich vom ahd. Wort „irziohan" (=(groß-)ziehen) ab. Dies entspricht der umgangssprachlichen Definition: Einen Zögling in seiner Entwicklung fördern bzw. durch Maßnahmen animieren, gewünschte Verhaltensweisen zu zeigen (Dolch, 1969; Schmid, 2016).
- Geisteswissenschaftliche Pädagogik: Nohl (o.J., zit. n. Scholz, Euler & Schnabel, 2005) sieht nach der von Dolch (1965) entwickelten Explikation Erziehung als soziale Einwirkung, die zu einer positiven Verhaltensänderung führen soll.
- Empirische Pädagogik: Giesecke (1997, zit. n. Schmid, 2016; o.J., zit. n. Scholz, Euler & Schnabel, 2005) wird konkreter und definiert Erziehung ähnlich wie Brezinka (1978) deskriptiv als fürsorgliches, intendiertes, pädagogisches Handeln in einer hierarchischen Beziehung mit dem Ziel einer wertebasierten Verhaltensanpassung des Zöglings.
- Hermeneutik: Dilthey (o.J., zit. n. Scholz, Euler & Schnabel, 2005; o.J., zit. n. Stangl, 2019) betrachtet Erziehung ebenfalls als Phänomen, das die Psyche von Heranwachsenden beeinflusst, und fordert einen Perspektivenwechsel: Im Fokus sollten statt einzelner pädagogischer Situationen der übergeordnete Bedeutungszusammenhang stehen.
- Soziologie: Durkheim (1972) betont die soziale Komponente. Er definiert Erziehung als Einwirkung auf das Sozialverhalten des Einzelnen mit Blick auf sein soziales Milieu und im Sinne der Gesellschaft. In eine ähnliche Kerbe schlägt Bernfeld (1973), der Erziehung als Integration in die Gesellschaft einordnet.

- Kritische Erziehungswissenschaft: Mollenhauer (1972), Hurrelmann (o.J., zit. n. Scholz, Euler & Schnabel, 2005) und Kron (1996) rücken den Interaktions- und Kommunikationsaspekt in den Vorgrund. Sie sehen Erziehung als intendiertes, kommunikatives, interaktives Handeln mit dem Ziel eine Kommunikationsbasis zu generieren, auf der der Zögling unter Berücksichtigung seiner Intentionen und Eigenheiten bei der Weiterentwicklung seiner Persönlichkeit und seiner Selbst- und Sozialkompetenz unterstützt wird.

Als vorläufiger Zwischenstand lässt sich festhalten, dass der vielschichtige und von verschiedenen Einflussfaktoren bestimmte Erziehungsbegriff als pädagogisches Handeln aufgefasst werden kann, das im Interesse des Einzelnen und der Gesellschaft dazu dient, die Verhaltensdispositionen des Zöglings zu beeinflussen und ihn bei seiner Persönlichkeitsentwicklung und Ausbau seiner soziokulturellen Kompetenzen zu fördern.

In den folgenden drei Abschnitten möchte ich die Definition des Philosophen Kant (2007) sowie jene von Brezinka (1978) und Kron (1996) näher vorstellen und analysieren, da sie sich dem Begriff aus unterschiedlichen wissenschaftlichen Richtungen annähern.

2.1.1 Definition des Erziehungsbegriffs von Immanuel Kant

Zunächst beginne ich mit der historischen Definition von Kant (1983, 2007) aus der Zeit der Aufklärung. Zu dieser Zeit wurde die Basis für die heutige Pädagogik geschaffen: Parallel zur Entdeckung des Phänomens der „Kindheit" verbunden mit der Forderung nach einem Schutzraum, die in die Einführung der Schulpflicht mündete, wurde das theoretische Fundament gebildet, auf dem sich das Fachgebiet der Pädagogik zur eigenständigen Disziplin entwickeln konnte. Im Zuge dessen wurde der erste Lehrstuhl für Pädagogik besetzt (Koller, 2017).

Kant begründete die Bedeutung der Pädagogik damit, dass der Mensch in Ermangelung von Instinkten erzogen werden muss, um sein Potential entfalten, seine Bestimmung finden, außerhalb eines Schonraums eigenständig leben und seine gesellschaftlichen Lebensbedingungen aktiv beeinflussen zu können (Kant, 2007; Schmid, 2016). Dabei geht es ihm nicht nur um das Wohl des einzelnen Zöglings, sondern auch der Gesellschaft, die er „zu einem künftigen glücklichern Menschengeschlechte" (Kant, 2007, S. 42) transformieren möchte. Um dieses Ziel zu erreichen, muss seiner Ansicht nach „Pädagogik ein Studium werden" (Kant, 2007, S. 43). Damit unterstreicht er nicht nur die Bedeutung des Fachgebiets. Er beschreibt Erziehung normativ als professionelle Tätigkeit, die aus judiziösen, .d.h. sorgfältig geplanten, zielgerichteten, zu reflektierenden Handlungen bestehen sollte (Kant, 2007). Diese sind sowohl mit handwerklichen Produktionsarbeiten (z.b. dem Möbelbau) als auch mit gärtnerischen Tätigkeiten (z.b. einen Keimling wachsen lassen) vergleichbar (Koller, 2017). Man könnte es als steuerndes Formen, das aus entwicklungspsychologischer Sicht nur bis zu einem gewissen Grad möglich ist, zusammenfassen. Diese gegensätzlichen Elemente in der Definition des Erziehungsbegriffs existieren bis heute und spiegeln sich in diversen Begriffsbestimmungen wider (Koller, 2017).

Im weiteren Verlauf seiner Ausführungen kategorisiert Kant Erziehungtätigkeit in vier Ebenen:

1. Disziplinierung: Zähmung negativer Naturanlagen (z.B. von aufbrausendem Verhalten)
2. Kultivierung: Vermittlung von Wissen, Fähigkeiten und Fertigkeiten (z.B. Lesekompetenz)
3. Zivilisierung: Vermittlung von Sozialkompetenz und sozialen Fertigkeiten (z.B. Manieren)
4. Moralisierung: Vermittlung von Moralkompetenz („gutes" Verhalten i.S.d. kategorischen Imperativs
(Kant, 1983, 2007)

Besonders die vierte Stufe sieht er als bisher am wenigstens verwirklicht an. Am Zeitgeist der Aufklärung orientiert erklärt er statt Gehorsam selbstständiges Denken, Einsicht in moralische Maximen und daran orientierte Handlungsentscheidungen, d.h. die moralisch vertretbare Nutzung individueller Freiheit und damit Mündigkeit zum Erziehungsziel. Dieses Ziel soll durch eine Kombination aus Freiheit und Zwang erreicht werden (Koller, 2017). Freiheit – die Unabhängigkeit von Regeln und Eigenständigkeit in verschiedenen Lebensbereichen – sollte aus seiner Sicht dem Zögling grundsätzlich gewährt werden, damit er den mündigen Umgang mit Freiheit erlernen kann. Zum Eigenschutz des Zöglings aufgrund fehlender Kompetenzen und zur Unterweisung, wie Freiheit genutzt werden sollte, gestattet er der Erziehungsperson die Einschränkungen der Freiheit durch Zwangsmaßnahmen (Koller, 2017). Dadurch soll der Zögling lernen, dass seine Freiheit dort endet, wo die Freiheit des anderen beginnt, und „Entbehrungen in Kauf zu nehmen [...], wie sie sich im Interesse *künftiger* Freiheit (im Sinne von Selbstständigkeit) als erforderlich erweist" (Koller, 2017, S. 41; Kursivsetzung im Original), d.h. um erfolgreich erwerbstätig sein zu können.

Zusammengefasst definiert Kant Erziehung als Beeinflussung von Naturanlagen und Vermittlung von Fähigkeiten, wobei der Schwerpunkt auf der Moralkompetenz liegt, die mündiges Handeln ermöglichen soll. Ziel ist neben Kompetenzerwerb und Persönlichkeitsentfaltung des Zöglings die Weiterentwicklung der Gesellschaft in Richtung eines Idealzustands: ihrer Vollkommenheit.

2.1.2 Definition des Erziehungsbegriffs von Wolfgang Brezinka

Brezinka, ein kürzlich verstorbener Vertreter der empirischen Pädagogik, stellte eine der bekanntesten Definitionen des Erziehungsbegriffs auf. Er bestimmte zunächst die Anforderungen an eine Definition und entwickelte darauf aufbauend eine Begriffsexplikation (Koller, 2017). Sein Ziel war, das vage umrissene Phänomen greifbar zu machen, d.h. das mehrdeutige Allgemeinverständnis zu präzisieren und systematisch in Relation zu anderen eindeutigen Begriffen zu setzen (Scholz, Euler & Schnabel, 2005). Davon leitete er nach Schmid (2016) folgende Anforderungen an seine Explikation ab:

- Leichte Verständlichkeit
- Deskriptivität und Wertneutralität
- Kongruenz mit der gängigen Verwendung
- Kennzeichnung anhand empirisch erhebbarer Merkmale
- Fruchtbarkeit

Dadurch soll die Explikation bestehender Definitionen sowie dem aktuellen Gebrauch nicht widersprechen und zugleich zur „Formulierung von allgemeinen Gesetzen" (Carnap, 1959, S. 14, zit. n. Scholz, Euler & Schnabel, 2005, S. 3) und Erstellung unmissverständlicher Interpretationen verwendbar sein.

In einem zweiten Schritt stellte er anhand von Bedeutungsanalysen bestehender Definitionen folgende Explikation auf: „Unter Erziehung werden Handlungen verstanden, durch die Menschen versuchen, das Gefüge der psychischen Dispositionen anderer Menschen [...] dauerhaft zu verbessern oder seine als wertvoll beurteilten Komponenten zu erhalten oder die Entstehung von Dispositionen, die als schlecht bewertet werden, zu verhüten" (Brezinka, 1978, S. 45). Dabei ist ihm bewusst, dass der Erziehungsbegriff sowohl einen aus normenbasierten, intendierten, sozialen Handlungen bestehenden Prozess, als auch das beschreibbare Produkt bzw. die Wirkung des z.B. durch Beobachtungsprotokolle empirisch messbaren Verhaltens umfassen kann (Brezinka, 1990). Beide Elemente integrierte er in seiner Explikation.

Zudem ermittelt er mehrere Kennzeichen des Erziehungsbegriffs, die ich zusammengefasst darstelle:

1. „Handeln" ist aus seiner Sicht das wichtigste Erziehungsmittel. Es ist einerseits ein aktiver, intendierter, bewusster und reflexiver Vorgang, andererseits aber auch sozialer Natur. Abstrakte oder konkrete Dinge (Umwelt, Sozialisation, Gegenstände etc.) können nicht bewusst Handeln und deshalb nur Erziehungsmittel sein, aber nicht erzogen werden (Koller, 2017). Zudem sind erzieherische Handlungen immer auf das (bisherige, gegenwärtige oder künftig zu erwartende) Verhalten anderer Menschen bezogen (Koller, 2017). Konkret provoziert die Erziehungsperson, das Subjekt der Erziehung, beim Zögling, dem Erziehungsobjekt, ein eigenständiges, aktives, u.U. soziales Verhalten und setzt anhand seiner Reaktionen ihre nächste Schritte. Damit erkennt Brezinka (1978) implizit den reflexiven Charakter ihrer Beziehung an, obwohl er betont, dass die Beteiligten in einem asymmetrisch-hierar-

chischen Verhältnis zueinander stehen (Erdmann, 1999; Koller, 2017; Schmid, 2016; Scholz, Euler & Schnabel, 2005; Urland, 2015; Weber, 1972, zit. n. Scholz, Euler & Schnabel, 2005).

2. Ziel und Zweck erzieherischen Handelns ist die Beeinflussung des Gesamtgefüges psychischer Dispositionen bzw. der Persönlichkeit des Zöglings vom Ist-Zustand in Richtung eines von der Erziehungsperson vorab wertebasiert bewusst definierten Sollzustands (Brezinka, 1978). Erzieherisches Handeln wird damit als Kausalursache für die Wirkung betrachtet, z.B. für Veränderungen der Persönlichkeit des Zöglings, die optimiert werden soll (kausales Ursache-Wirkungs-Verhältnis) (Koller, 2017). Statt auf kurzfristige Effekte fokussiert sich Erziehung auf dauerhafte, innere Verhaltenstendenzen, Fähigkeiten und Wertvorstellungen. Dabei sollen als wertvoll betrachtete Dispositionen neu hervorgebracht, gestärkt und gefestigt, teilweise wertvolle differenziert und modifiziert und als ungünstig beurteilte Dispositionen vermindert oder eliminiert werden und so mit Blick auf das Idealbild eine dauerhafte Persönlichkeitsverbesserung erreicht werden (Schmid, 2016). Aus Brezinkas (1990) Sicht übernimmt die Erziehungsperson dabei ähnlich wie bei Bildungsprozessen die Rolle einer Lehrerperson. Obwohl er den Sollzustand nicht näher definiert, schließt er eigenständiges Denken (wie Kant (2007) es fordert) implizit von den Erziehungszielen aus.

Weitere Eigenschaften des Erziehungsbegriffs nach Brezinka (1978) sind der Versuchscharakter und die Förderungsabsicht. Unter Versuchscharakter sind Schwierigkeiten zu verstehen, im erzieherischen Alltag stets intendiert, bewusst und reflektiert zu handeln, unbeabsichtigte und unerwünschte Nebenwirkungen zu vermeiden und tatsächlich eingetretene Wirkungen zu messen (Erdmann, 1999; Urland, 2015). Da das von Brezinka (1978) genannte Kausalverhältnis eher ein allgemeines Konzept, aber keine konkrete Anleitung für die Praxis ist, ist erzieherisches Handeln praktisch nur versuchsweise möglich und Misserfolge sind unvermeidlich. Nichtsdestotrotz haben Erziehungspersonen nach Brezinka (1978) gute (Förderungs-)Absichten, d.h. es ist Ziel der Erziehung, die Persönlichkeit des Zöglings zu fördern und zu optimieren (Scholz, Euler & Schnabel, 2005).

Brezinkas Explikation wurde vielfach diskutiert und kritisiert. U.a. wird immer wieder auf einige Inkonsistenzen seiner Explikation hingewiesen. Bspw. kommt den Wertvorstellungen der Erziehungsperson eine große Bedeutung zu: Sie sind sowohl Basis als auch Inhalt des Erziehungsprozesses. Ähnlich wie ein Navigationssystem ermöglichen sie eine Standortbestimmung (Beurteilung des aktuellen Dispositionsgefüges), Zielsetzung (Festlegung der Idealvorstellungen bzw. des Soll-Zustands) und zeigen den Weg zwischen den Polen auf und bilden damit die Basis für erzieherisches Handeln. Parallel dazu sollen dem Zögling Werte und Normen inhaltlich und bzgl. ihrer Bedeutung vermittelt werden. Brezinka (1978) legt sich jedoch (ebenso wie bei den Erziehungsmitteln) nicht konkret fest, welche Normen und Werte zugrunde gelegt werden sollten, um die deskriptive Natur seiner Explikation nicht zu gefährden. Aber beinhaltet gerade dieser betonte Ausschluss sowie die Objektifizierung des Zöglings nicht auch eine normative Komponente (Erdmann, 1999; Koller, 2017; Scholz, Euler & Schnabel, 2005; Urland, 2015)?

Zusammengefasst charakterisiert die Explikation Brezinkas (1990) Erziehung als wertebasiertes, soziales, planvolles und intendiertes Handeln, das die Persönlichkeit anderer Menschen nachhaltig positiv beeinflussen soll (Scholz, Euler & Schnabel, 2005). Die Erziehungsperson ist das agierende Subjekt, das die Zielsetzung vorgibt und dem Zögling aus seiner subjektiven Sicht nützliche Wege aufzeigt und Mittel zur Verfügung stellt, damit er sie erreichen kann. Der Zögling stellt das Objekt dar und entwickelt sich zwar aktiv in Richtung des Soll-Zustands weiter, kann aus Brezinkas Explikation aber vor allem seine Position im sozialen Gefüge entnehmen (Erdmann, 1999). Diese mechanische Darstellung wurde vielfach kritisiert. Wie anfangs erwähnt, wollte Brezinka aber keine umfassende Definition aufstellen, sondern das bisherige Verständnis von Erziehung auf einen Nenner bringen und eine Grundlage für die weitere Forschung schaffen. Kron (1996), ein Anhänger der kritischen Erziehungswissenschaft, ergriff diese Chance und entwickelte unter Einfluss des symbolischen Interaktionismus diesen Ansatz zur Definition des Erziehungsbegriffs weiter.

2.1.3 Definition des Erziehungsbegriffs von Friedrich W. Kron

Kron (1996) beabsichtigte die Explikation des Erziehungsbegriffs von Brezinka (1978) unter Berücksichtigung der Theorie des symbolischen Interaktionismus nach Mollenhauer (1972) weiterzuentwickeln (Koller, 2017), um eine präzise Modellvorstellung für die empirische Forschung und die Diskussionen über die Thematik zu schaffen (Kron, Jürgens & Standop, 2013). Dazu grenzte er zunächst den Begriff grob ein, setzte sich mit Dolchs (1969), Gmurmans und Koroljows (1973) sowie Brezinkas (1978) Definition kritisch auseinander, ergänzt sie um einige Aspekte und entwickelte darauf aufbauend seine Definition.

Unter Erziehung versteht Kron (1996) allgemein eine intentionale, aktive, „bewusste und/oder geplante Beeinflussung von Personen" (Kron, Jürgens & Standop, 2013, S. 44) durch Interaktion mit dem Ziel der „Sozialmachung" des Zöglings. Diese grenzt er von der „Sozialwerdung" ab, die passiv durch Enkulturation und Sozialisation geschieht (Koller, 2017; Kron, Jürgens & Standop, 2013; Schmid, 2016, Urland, 2015). Um dem vielfältig verwendeten und interpretierten Erziehungsbegriff eine wissenschaftliche Definition zu verleihen, zog Kron (1996) Brezinkas (1978) Explikation als Grundlage heran und kritisierte daran folgende Aspekte:

- Brezinka betrachtet Erziehung als deterministisches Ursache-Wirkungs-Modell zur Dispositionsmanipulation basierend auf einem mechanischen Persönlichkeitsbild des Zöglings. Ursachen ohne Wirkung bzw. umgekehrt und Entscheidungsfreiheiten des Zöglings, wie sie nach Kant (1983) unabdingbar sind, um mündig zu werden und Moralkompetenz zu weiterzuentwickeln, zieht Brezinka (1978) nicht in Betracht.

- Grundlage für die Erziehungsziele sind die Intentionen der Erziehungsperson. Bedürfnisse, Interessen, Meinungen und Ziele des Zöglings bleiben unberücksichtigt.

- Das Verhältnis zwischen Erziehungsperson und Zögling ist nach Brezinka (1978) eine streng asymmetrisch-hierarchische Beziehung zwischen Subjekt und Objekt. Eine Aufhebung der Hierarchie oder wechselseitiges, soziales Handeln ist nicht vorgesehen.

(Koller, 2017; Kron, 1996; Schmid, 2016; Urland, 2015)

Auf diesen Erkenntnissen aufbauend ergänzte Kron (1996) Brezinkas (1978) Ansatz um einige Punkte und Schlossfolgerungen, die ich basierend auf Koller (2017), Kron (1996), Schmid (2016) und Urland (2015) zusammengefasst darstelle:

1. Rollenhandeln: Erziehung ist soziales Handeln und damit interagierendes Rollenhandeln. Erziehungsperson und Zögling halten sich in ihrer jeweiligen Rolle an implizite und explizite Regeln (z.B. Traditionen, Schulordnungen oder Verhaltenserwartungen), die der wechselseitigen, permanenten Aushandlung und damit der Erzeugung, Reproduktion und Bestätigung oder Veränderung durch symbolische Interaktion bedürfen. Dies geschieht durch Erörterungen mittels Symbolsystemen (Sprache, Gestik, Schriftzeichen etc.) sowie durch die Interpretation konkludenter Handlungen. Aussagen oder Handlungen, die gegen Regeln verstoßen, führen zu einem Konflikt, der letztlich einen Anstoß zur Aushandlung der Regeln durch symbolische Interaktion bildet.

2. Differenz zwischen Erziehungsperson / Zögling: Kron (1996) übernimmt zwar die Annahme Brezinkas, dass die Beziehung zwischen Erziehungsperson und Zögling grundsätzlich asymmetrisch-hierarchisch ist, damit die Erziehungsperson die Dispositionen des Zöglings beeinflussen kann, aber mit fortschreitender Entwicklung wird die Hierarchie teilweise aufgehoben, um Regeln mit dem Zögling aushandeln zu können und ihm gesellschaftliches Rollenhandeln zu vermitteln. Die Beziehung tendiert zur Egalisierung bis zur Auflö-

sung des Erziehungsverhältnisses und Integration des Zöglings in die Welt der „Erzogenen". So wird der Zögling vom Objekt zum Subjekt in einem intersubjektiven Verhältnis.

3. Reaktion der Erziehungsperson auf Zögling: Es unvermeidlich und essentiell für den Erfolg der erzieherischen Tätigkeit, dass die Intentionen, Bedürfnisse, Meinungen etc. des Zöglings zum Tragen kommen. Sie können nicht von der Erziehungsperson ignoriert werden, da soziales Handeln stets aufeinander bezogen ist. Durch symbolisch-interaktives Rollenhandeln, d.h. durch die Reaktionen der Erziehungsperson auf das soziale Handeln des Zöglings und der Reaktion des Zöglings darauf, kommt es zur gegenseitigen Aufklärung, Verhandlung und Reflexion von Informationen, Bedürfnissen, Rollenvorstellungen usw. Dadurch werden die Intentionen beider Parteien berücksichtigt.

4. Doppelter Zweck: Als Konsequenz aus diesen drei Ergänzungen ist aus Krons (1996) Sicht ein Konflikt zwischen Erziehungsperson und Zögling nicht irrelevant oder Zeichen eines Scheiterns, sondern wichtig und nötig für einen fruchtbaren Erziehungsprozess. Er bildet den Mittelpunkt seines Konzepts, gibt er doch Anstoß zur gegenseitigen Aufhellung, Diskussion, Interpretation, Aushandlung und Reflexion der für die Entwicklung des Zöglings relevanten Themen. Erst so werden die zugrunde liegenden Regeln, Erwartungen, „Rollen, Positionen und Wertorientierungen, Normen, Intentionen und Legitimationen des sozialen Handelns und des dieses mitbedingenden sozialen und gesellschaftlichen Feldes" (Kron, 1996, S. 58) offen gelegt, ausgehandelt und damit zum Inhalt der Gespräche und des Erziehungsprozesses. Dies ermöglicht es dem Zögling, sich inhaltlich mit diesen so transparent gewordenen Aspekten auseinanderzusetzen und das Rollenhandeln zu erlernen. Dadurch entwickelt er seine Persönlichkeit weiter und der Sozialisationsprozess der Sozialwerdung, durch den er gesellschaftlich handlungsfähig wird, wird unterstützt.

Zusammengefasst charakterisieren Kron, Jürgens und Standop (2013) Erziehung als sozialen Prozess, Tätigkeit der Erziehungsperson und des Zöglings (Selbsterziehung) sowie als symbolsche Interaktion. Konkret definiert Kron (1996) Erziehung als Einwirkung der Erziehungsperson auf den Zögling durch soziales Handeln, mit dem Ziel dessen psychische Dispositionen zu optimieren und ihn bei der Weiterentwicklung seiner Persönlichkeit sowie seiner sozialen Handlungsfähigkeit zu unterstützen (Urland, 2015). Erziehung durch soziales Handeln bedeutet, dass sich beide Subjekte in einer grundsätzlich hierarchischen, aber zur Gleichrangigkeit neigenden Beziehung über ihre Handlungsbegründungen, Intentionen, Rollenerwartungen, Regeln und Werte sowie die soziokulturellen Rahmenbedingungen durch symbolisch-kommunikative, interdependente Interaktion, d.h. durch gegenseitige Aufhellung, Diskussion, Interpretation, Aushandlung und Reflexion austauschen (Schmid, 2016). Sie ist „somit an den demokratischen Grundwerten der Emanzipation und Verantwortung für das Ganze (gesellschaftlicher Aspekt des Erziehungsprozesses) und der Individuation (subjektiver Aspekt des Erziehungsprozesses) orientiert" (Kron, 1996, S. 58) und folgt keinem stringenten Ursache-Wirkungs-Modell mehr. Dies entspricht der etymologischen Darstellung nach Dolch (1969), der Erziehung als Ziehen aus der Unmündigkeit durch Führung, Regierung und Zucht in einer grundsätzlich hierarchischen Ordnung, aber auch durch Wachsen bzw. Entfalten lassen von individuellen Anlagen in einem Schonraum und als Lebenshilfe mittels symbolischer Interaktion mit dem Ziel einer Anpassung an gesellschaftliche Normen, Erwartungen und Rollen und dem Erreichen eigenständigen Handlungsfähigkeit dargestellt hat (Erdmann, 1999).

3. Diskussion der Theorien

Basierend auf der Darstellung und ersten Analyse der drei Begriffsbestimmungen von Kant, (2007) Brezinka (1978) und Kron (1996) möchte ich die Definitionen im nächsten Schritt anhand einiger Kriterien interpretierend vergleichen und dabei Gemeinsamkeiten, Unterschiede und Grenzen der Definitionen aufzeigen.

3.1 Grundkonzept

Nach Kant (2007) stehen hinter Erziehung zwei Ziele: Die Vermittlung von Kompetenzen und Fertigkeiten sowie von Moralkompetenz. Während Ersteres in einer hierarchischen Beziehung eher nach dem Ursache-Wirkungs-Prinzip wie bei Brezinka (1978) geschieht, ist für Letzteres eine gleichrangige Beziehung Voraussetzung, in welcher der Zögling freie über sein Handeln entscheiden kann. Die Erziehungsperson reagiert darauf nicht mit Belohnung oder Bestrafung, sondern z.b. mit Verachtung oder Unterstützung (Kant, 2007). So kann der Zögling die Fähigkeit entwickeln, sein Verhalten an Maximen auszurichten, von denen er aufgrund der vorausgegangenen Moralerziehung selbst überzeugt ist und dadurch mündig werden. Kants Definition geht somit über die Förderung irgendwelcher Disposition hinaus (Koller, 2017).

Brezinka definiert Erziehung folgendermaßen: „Unter Erziehung werden Handlungen verstanden, durch die Menschen versuchen, das Gefüge der psychischen Dispositionen anderer Menschen [...] zu verbessern [...] oder zu erhalten oder [...] zu verhüten" (Brezinka, 1978, S. 45). Kausalmechanische Mechanismen (Ursache-Wirkungs-Konzept) in einer hierarchischen Beziehung (zwischen Subjekt und Objekt) sollen sicherstellen, dass der Zögling aufgrund der Handlungen der Erziehungsperson das von ihr gewünschte Verhalten zeigt und sich an die von ihr aufgestellten Regeln hält (Koller, 2017). Maßgeblich sind die Intentionen der Erziehungsperson. Mitbestimmung durch egalitäre Diskussionen ist ebenso wenig vorgesehen wie Entscheidungsfreiheit oder eigenständiges Denken des Zöglings (Koller, 2017). Zudem ist die Vermittlung von Fähigkeiten nur am Rande relevant.

Kron (1996) stellt den Prozess der symbolischen, wechselseitig zu interpretierende Interaktion in den Mittelpunkt, da Erziehung für ihn ein Prozess und kein Ergebnis darstellt (Kron, Jürgens & Standop, 2013). Damit unterscheidet er sich von Brezinka (1978), für den Dispositionsveränderungen und die Messbarkeit des Erziehungserfolgs klarer Bestandteil des Erziehungsbegriffs sind. Die Erziehungsperson hat keine einseitige Definitionsmacht, sondern ist genauso wie der Zögling an der gegenseitigen Aufhellung, Begründung, Verhandlung und Reflexion von durch (verbalen / nonverbalen) Zeichen ausgedrückten Intentionen, Erwartungen, Handlungen, Regeln und Rahmenbedingungen beteiligt (Koller, 2017). Ziel ist nicht die Vermittlung von Fertigkeiten, Gehorsam und Regeltreue wie bei Kant und Brezinka, sondern den Zögling in einer zur Egalisierung und Symmetrie neigenden Beziehung bei der Weiterentwicklung seiner Sozialkompetenz, Persönlichkeit und gesellschaftlichen Handlungsfähigkeit zu unterstützen (Koller, 2017). Parallel können die Beteiligten dadurch ihre Regeln überdenken und optimieren (Schmid, 2016).

3.2 Beziehung zwischen Erziehungsperson und Zögling

Nach Brezinka (1978) ist die Beziehung asymmetrisch-hierarchisch, eine Auflösung der Subjekt-Objekt-Beziehung bzw. der Hierarchie ist nicht vorgesehen. Ähnlich sieht es Kant (2007) bei der Vermittlung von Fähigkeiten. Mit Blick auf das Zweitziel „eigenverantwortliche Handlungsfähigkeit" und Mündigkeit schränkt er die Freiheit des Zöglings mit zunehmender Moralkompetenz aber allmählich zugunsten eigener Handlungsentscheidungen immer weniger ein. Kron (1996) dagegen betrachtet die Beziehung von vornherein als Subjekt-Subjekt-Beziehung mit Tendenz zur Aufhebung der darin angelegten Asymmetrie, d.h. die anfänglich hierarchische Grundstruktur der intersubjektiven Beziehung flacht zunehmend ab bis ein gleichrangig-reflexives Verhältnis entsteht. In Bezug auf die Förderung der gesellschaftlichen Handlungsfähigkeit bzw. das Agieren in der Gesellschaft ist jedoch mit Blick auf übergeordnete gesellschaftliche Normen, Regelungen und Rollenerwartungen nur eine teilweise Berücksichtigung der Intentionen des Zöglings möglich (Koller, 2017).

3.3 Umgang mit den Intentionen des Zöglings und Konflikten

Nach Kant (2007) entscheidet entweder die Erziehungsperson oder der Zögling. Diskussionen sind nicht vorgesehen. Im Bereich des eigenverantwortlichen Handelns gewährt die Erziehungsperson dem Zögling mit zunehmender Mündigkeit mehr Entscheidungsfreiheit. Kommt es zu einem Konflikt, wie die Freiheiten zu nutzen sind, reagiert die Erziehungsperson nicht mit Bestrafung, zeigt aber ihre Missbilligung (Kant, 2007). Im schlimmsten Fall kann sie die Freiheiten in Zukunft wieder einschränken, wenn die Moralerziehung noch nicht weit genug gediehen scheint, oder sich ein Scheitern der Moralerziehung eingestehen. Verhandlungen mit dem Zögling über sein Verhalten sind jedoch nicht Teil seiner Erziehungsphilosophie.

Brezinka (1978) geht einen Schritt weiter. Nach seinem Ansatz gibt die Erziehungsperson Erziehungsziele und Regeln vorgibt, d.h. nur ihre Intentionen sind scheinbar relevant. Dennoch sollten die Intentionen des Zöglings zur Kenntnis genommen werden. Sie können zwei Funktionen haben: Erstens geben sie Auskunft über den Fortschritt des Erziehungsprozesses und zweitens müssen sie als Störfaktor bei der Planung der erzieherischen Maßnahmen berücksichtigt werden. Sie können als Messgröße über die vorliegenden psychischen Dispositionen (Verhaltenstendenzen) fungieren, sodass die Erziehungsperson abschätzen kann, inwieweit sie bereits mit dem Erziehungsziel übereinstimmen und ihre Erziehungsmaßnahmen anpassen kann. Zudem beeinflussen zusätzlich sie den Erziehungserfolg. Dennoch sieht Brezinka (1978) wie Kant (2007) keine gemeinsame Thematisierung der Intentionen des Zöglings vor. Im schlimmsten Fall ist der Erziehungsversuch gescheitert.

Kron (1996) misst den Intentionen des Zöglings dagegen eine hohe Bedeutung bei. Er sieht sie nicht als Bedrohung, sondern bewertet sie positiv. Der Grund: Sie bilden einen Anstoß zum Austausch und spiegeln sich wie die Intentionen der Erziehungsperson in der symbolischen Interaktion wider. Es entsteht ein interaktives Rollenhandeln mit gegenseitiger Aufklärung, Aushandlung und Reflexion. Konflikte rücken damit ins Zentrum seines Erziehungsbegriffs, da sie erst den Interaktionsbedarf wecken (d.h. zur Diskussion und Begründung der Intentionen, Aushandlung von Regeln, Rollenerwartungen/-verhalten, gesellschaftlichen Rahmenbedingungen etc. anregen). Diese Interaktionen wiederum sind für das Vorantreiben des Erziehungsprozesses essentiell. Daher sind die Intentionen der Beteiligten, sich daraus ergebende Konflikte und der Umgang damit Dreh- und Angelpunkt seines Verständnisses von Erziehung (Koller, 2017).

3.4 Erziehungsmittel und -ziele

Kant (2007) nennt als Erziehungsziele einerseits die Disziplinierung, Zivilisierung und Kultivierung, d.h. die Vermittlung von Fähigkeiten und Fertigkeiten wie Manieren oder Lese- und Schreibkompetenz sowie andererseits die Moralisierung bzw. Mündigkeit des Zöglings, d.h. die eigenständige, auf moralischen Prinzipien basierende Handlungsorientierung (Kant, 2007). Dahinter steht sein sekundäres Ziel: Eine bessere Gesellschaft kreieren (Kant, 2007). Kritikloser Regelgehorsam, Selbstverwirklichung oder die Förderung irgendwelcher Dispositionen gehören aus seiner Sicht dagegen nicht zu den Zielen, die Erziehung verfolgen sollte. Erziehungsmittel zur Erreichung der erstgenannten Erziehungsziele sind alle damals üblichen Erziehungsmethoden, die auf dem didaktisch-pädagogischem Geschick und der Durchsetzungsfähigkeit der Erziehungsperson beruhen, z.B. Belohnungen und Bestrafungen. Zur Förderung der Mündigkeit setzt Kant (2007) dagegen auf die Vermittlung von Moralkompetenz und Freiraum für den Zögling, in dem er eigenständige Entscheidungen treffen darf (Koller, 2017). Missfallen über die Entscheidungen zeigt die Erziehungsperson ggf. indirekt durch verachtendes Verhalten (Kant, 2007).

Brezinka (1978) legt in seinem Modell bewusst keine konkreten Erziehungsziele und -mittel fest, im Bestreben den deskriptiven, wertneutralen Charakter seines Ansatzes zu wahren (Koller, 2017). Stattdessen erläutert er allgemein, dass sich die psychischen Dispositionen des Zöglings durch Erziehung vom IST- in den SOLL-Zustand wandeln sollen und sämtliche dazu eingesetzten, tauglichen Mittel (Handlungen, Organisationen, Personen, Bücher, Sitten und Gebräuche) als Erziehungsmittel fungieren können (Brezinka, 1978). Damit bleibt seine Explikation eher abstrakt. Die praktische Konkretisierung und Umsetzung überlässt er der jeweiligen Erziehungsperson. Auffällig ist jedoch, dass Bildung, eigenständiges Denken und Handeln und übergeordnete gesellschaftliche Ziele eher nicht zu seinem Erziehungsverständnis gehören.

Kron (1996) verfolgt ähnlich wie Kant (2007) zwei Ziele: Das Primärziel ist die Sozialmachung, d.h. den Zögling bei seiner Persönlichkeitsentwicklung zu unterstützten und auf seinem Weg zu einem unverwechselbaren Ich zu begleiten (Koller, 2017). Sekundärziel – Hand in Hand mit der eher passiv laufenden Sozialisation und Enkulturation, die Kron (1996) vom Erziehungsbegriff abgrenzt – kommt es zur Sozialwerdung, d.h. die Erziehungsperson unterstützt den Zögling bei der Erlangung gesellschaftlicher Handlungsfähigkeit. Beide Ziele sollen durch verbale und nonverbale Kommunikation und das Anstoßen reflexiver Lernprozesse im Rahmen der symbolischen Interaktion erreicht werden, in welcher die Intentionen, Bedürfnisse, Werte und Normen, Regeln, Rollenerwartungen und -handlungen, soziokulturelle, gesellschaftliche und ökonomische Rahmenbedingungen thematisiert werden (Kron, 1996). Das bloße Einüben vorgegebener Regeln gehört demnach nicht dazu. Ähnlich wie Kant (2007) präzisiert Kron (1996) die Ziele der Erziehung und füllt damit Brezinkas (1978) eher technischen Ansatz mit präskriptiven Inhalten. Wie bei Kant (2007) ist das Ziel die Eigenständigkeit des Zöglings. Zudem messen beide Wissenschaftler Erziehung auch eine gesellschaftliche Funktion und Bedeutung bei (Koller, 2017). Im Unterschied zu Kant (2007) und Brezinka (1978) gibt aber nicht die Erziehungsperson die konkreten Ziele vor, sondern auch sie unterliegen dem ständigen Austausch zwischen den beteiligten Parteien, d.h. sie sind grundsätzlich verhandelbar.

3.5 Werte und Normen

Werte und Normen spielen in allen drei Ansätze eine Rolle, unterscheiden sich aber bzgl. ihrer Bedeutung. Kant (2007) scheint ihre Hierarchie und Relevanz als objektiv bewertbar zu betrachten, wie er auch mit dem von ihm entwickelten kategorischen Imperativ („handle nur nach derjenigen Maxime, durch die du zugleich wollen kannst, daß sie ein allgemeines Gesetz werde" (Kant, 1785, S. 1)) deutlich macht. Dass die Erziehungsperson sie ihrem erzieherischen Handeln zugrunde legt, setzt er implizit voraus. Zugleich möchte er das auf dem kategorischen Imperativ aufbauende Moralverständnis und -bewusstsein auch dem Zögling vermitteln. Schließlich ist eines seiner Erziehungsziele die Mündigkeit des Zöglings, d.h. er soll moralisch richtige bzw. dem kategorischen Imperativ entsprechende Handlungsentscheidungen treffen (können) (Koller, 2017).

Brezinka (1978) definiert Erziehung auch als wertebasiertes Handeln, präzisiert die zugrunde liegenden und zu vermittelnden Werte aber nicht, um die Explikation wertneutral zu halten (Schmid, 2016). Da er die Erziehungsziele ebenfalls nicht definiert, bleibt offen, ob Wertevermittlung Teil seines Erziehungsverständnisses ist.

Kron (1996) wählt den Mittelweg: Er betont die grundlegende Bedeutung von Werten und Normen für erzieherisches Handeln und Erziehungsziele, definiert die zugrunde liegenden Werte und Normen jedoch nur vage (Koller, 2017). Dabei bezieht er sich auf den gesellschaftlichen common sense und demokratische Werte (Kron, 1996). Er bewegt sich auf damit auf einer Gratwanderung zwischen deskriptiver und normativer Definition (Schmid, 2016). Ein Motiv für die grobe Umschreibung der im Erziehungsprozess innewohnenden Werte und Normen ist, dass Werte für ihn weder objektiv gegeben und kategorisierbar noch so offensichtlich sind wie sie aus Kants (1785, 1983) Perspektive zu sein scheinen – ganz im Gegenteil: Sie müssen durch symbolische Interaktionen kommuniziert werden und sind grundsätzlich verhandelbar. Explikation, Begründung, Hierarchisierung, Bedeutung und Anwendung von Normen und Werten ist damit sowohl Basis, als auch Gegenstand des Austauschs und der Reflexion zwischen Erziehungsperson und Zögling.

4. Kritische Würdigung der Theorien

Alle drei Definitionsansätze haben sich etabliert und bewährt, weisen aber auch einige Schwächen auf. Daher ist es bisher nicht gelungen eine allgemeingültige Definition des Erziehungsbegriffs zu entwickeln. Einige der Kritikpunkte möchte ich hier aufgreifen:

Alle drei Definitionen hadern mit der Hierarchie zwischen Erziehungsperson und Zögling. Für Brezinka (1978) ist sie eine unabdingbare Voraussetzung (Noll, 2013). Eine Auflösung der Hierarchie und Beendigung des Erziehungsprozesses, z.B. durch Unterstützung der Persönlichkeitsentwicklung, Vermittlung von Moralkompetenz und Förderung der Mündigkeit ist nicht vorgesehen. Aus Kants (2007)

Sicht ist Mündigkeit zwar ein Erziehungsziel, aber gleichzeitig schränkt er durch seine Vorstellung von Werten, Normen und Moral die Freiheit des Mündigen stark ein. Zudem scheint er das Wohl der Gesellschaft als wichtiger zu einzuschätzen als das Wohl des einzelnen Zöglings. Damit bleibt der Zögling letztlich über den Erziehungsprozess hinaus in einer hierarchischen Beziehung gefangen. Kron (1996) versucht das Dilemma zu lösen, indem er schlussfolgert, dass für ein Gelingen der Erziehung durch symbolische Interaktion „die Beziehungen zeitweilig egalitär werden" (Kron, 1996, S. 59) müssen. Er integriert die Egalisierung der grundsätzlich hierarchischen Beziehung damit in die Erziehungsmethodik, präzisiert aber nicht, wann und wie das zu geschehen hat. Dadurch könnte Erziehung an sich zum verhandelbaren Objekt des Austauschs zwischen Erziehungsperson und Zögling werden – ein spannender Ansatz, aber in der Praxis evtl. nur bedingt umsetzbar.

Aus diesem Aspekt ergibt sich ein weiterer Kritikpunkt: Die Gefahr des Machtmissbrauchs (Noll, 2013). Kant (2007) betont den Machtanspruch der Erziehungsperson. Bei den damals üblichen, teilweise brachialen Erziehungsmethoden und dem Ziel, den Zögling zu einem wertvollen, nützlichen Gesellschaftsmitglied zu machen, birgt dies Gefahren für das Wohl des Zöglings (Noll, 2013). Die emotionale Beziehung zwischen Erziehungsperson und Zögling scheint Kant (2007) auf den ersten Blick auszuklammern. Sie kommt jedoch zum Tragen, wenn die Erziehungsperson dem Zögling zwar Freiraum zugesteht, aber auf seine Handlungsentscheidungen z.B. mit Verachtung reagiert. Derartige Handlungen betrachtet Kant (2007) nicht als Erziehung – aber kann diese Form der emotionalen Erpressung nicht auch eine erzieherische Wirkung entfalten und damit den Zögling weiterhin einschränken bzw. auch eine Gefahr auf psychischer Ebene darstellen? Noch weiter geht Brezinka (1978), der den Zögling sogar zum Objekt degradiert. Im Bemühen eine (scheinbar) deskriptive Explikation aufzustellen, hält er sie bewusst abstrakt, verzichtet auf die Beschränkung möglicher Erziehungsziele und -methoden und benennt die zugrunde zu legenden Werte und Normen nicht (Koller, 2017). Parallel zeigt sein Modell, dass er möglichen Erziehungszielen wie Emanzipation, Selbstbestimmung, Mündigkeit und Partizipation wenig Bedeutung beimisst. Sein Modell könnte damit für ethisch fragwürdige Handlungen zweckentfremdet werden (Noll, 2013). Kron (1996) versucht es besser zu machen, indem er symbolische Interaktion als Erziehungsmethode festlegt. Letztlich birgt aber auch diese wie bei Kant das Risiko der psychischen Gewalt und des Machtmissbrauchs durch Erziehungspersonen oder soziale Organisationen (Noll, 2013).

Ein dritter Kritikpunkt betrifft alle drei Definitionen gleichermaßen: Die Definitionen beschreiben zwar den Erziehungsbegriff, grenzen aber den Geltungsbereich unzureichend ab. Dies gilt sowohl für die abstrakte Definition als auch für die Grenzen hinsichtlich ihrer praktischer Relevanz und der Wirkung von Erziehung. Kant (2007) betrachtet den neugeborenen Menschen als eine Art Rohling, der beliebig geformt werden kann und muss (Koller, 2017). Deutlich wird dies in folgenden Sätzen: „Der Mensch kann nur Mensch werden durch Erziehung. Er ist nichts, als was die Erziehung aus ihm macht" (Kant, 2007, S. 42). In dieser Absolutheit erscheint mir dies problematisch. Grenzen der Wirkung von Erziehung, Umgang mit den Bedürfnissen und Intentionen des Zöglings bzw. seinen Anspruch, sich gemäß seiner Naturanlagen entfalten zu dürfen, thematisiert Kant (2007) ebenso wenig wie wechselseitige Emotionen, Rollenerwartungen und -verhalten und die Machtverteilung (Koller, 2017). Daher erscheint der Ansatz nur bedingt zur Analyse heutiger pädagogischer Fragestellungen geeignet (Koller, 2017). Brezinka (1978) möchte mit seiner Explikation den Erziehungsbegriff der empirischen Forschung zugänglich und damit objektiv untersuchbar machen. Aber können alle Erziehungsziele, psychische Dispositionen und Wirkungen des erzieherischen Handelns operationalisiert und messbar gemacht werden sowie unbeabsichtigte Wirkungen von Handlungen und Verhaltenstendenzen ohne bekannte erzieherische Ursache ausgeschlossen werden? (Koller, 2017) Eine Antwort auf diese offenen Fragen bleibt Brezinka (1978) schuldig und auch der Sozialinformatik ist es bisher nicht gelungen, solche Fragen adäquat zu beantworten (Janatzek, 2006). Man muss jedoch berücksichtigen, dass Brezinka (1978) keine umfassende Definition entwickeln, sondern bisherige Ansätze in einer ersten zusammenfassenden Explikation auf einen Nenner bringen wollte. Kron (1996) dagegen hat hohe normative Ansprüche an Erziehungsperson und Zögling. Bspw. wäre ein einfaches Verbot für ihn keine Erziehung (Koller, 2017), wenn zuvor keine symbolische Interaktion stattgefunden hat. Damit begrenzt er den Erziehungsbegriff unnötig stark und entfernt seine Definition weit vom umgangssprachlichen Gebrauch des Begriffs und der alltäglichen Praxis, da ein ständiger Austausch und Aushandlung, z.B. aufgrund von äußeren Umständen oder psychischen oder körperlichen Konstellationen in der Praxis nicht immer möglich ist (Koller, 2017; Schmid 2016). Zudem stellt sich die Frage, inwieweit in diesem von Kron (1996) geforderten, permanenten Interaktions- und Aushandlungsprozess zwischen Erziehungsperson und Zögling die allen Definitionen innewohnende Leitidee hinter dem Erziehungsbegriff, Informationen von der Erziehungsperson an den Zögling weiterzugeben, nicht verloren geht. Denn wenn in einer nahezu egalisierten Beziehung alles verhandelbar ist und verhandelt werden muss - wer erzieht dann eigentlich wen oder findet überhaupt noch Erziehung statt? Anders ausgedrückt: Durch diese scheinbar enge Abgrenzung, aber gleichzeitig weite Fassung des im Erziehungsprozess Zulässigen und Notwendigen, besteht die Gefahr der Orientierungslosigkeit für Forscherin und Forscher, Erziehungsperson und Zögling.

5. Fazit und Ausblick

Ausgangspunkt der Literaturanalyse war die Frage, wie der Begriff „Erziehung" definiert werden kann. Die Auseinandersetzung mit den bisherigen Ergebnissen und insbesondere den Definitionen von Kant (2007), Brezinka (1978) und Kron (1996) zeigt, dass es dazu viele Ansätze aus verschiedenen fachlichen Richtungen gibt, die unterschiedliche Aspekte beleuchten, aber die Frage bisher noch nicht umfassend und abschließend beantwortet werden kann. Bei der Analyse der Definitionen ist mir aufgefallen, dass alle Ansätze Erziehung als eine soziale und bewusste Handlung begreifen, die die sozialen Verhaltensdispositionen des Zöglings verbessern soll (Koller,

2017). Zudem liegt allen Ansätzen eine optimistische Sichtweise zugrunde, d.h. sie gehen von einem form- bzw. erziehbaren, lernwilligen Menschen und von ausreichend Ressourcen und guten Absichten seitens der Erziehungsperson aus, die den Anforderungen des Zöglings gerecht werden kann (Noll, 2013).

Weiters fällt auf, dass die Ansätze Erziehung als relativ umfassende Förderung betrachten. Die Abgrenzung zu anderen Grundbegriffen wie Bildung oder Sozialisation fällt schwer bzw. es gibt viele Überschneidungen. Dabei wäre gerade die Abgrenzung mit Blick auf die Theoriebildung besonders wichtig, denn basierend auf Andersons (2013) Erkenntnissen kann in den Sozialwissenschaften eine positive Definition besonders indirekt durch Abgrenzung gelingen. Angewandt auf diese Fragestellung bedeutet das, dass die Frage beantwortet werden muss, was nicht mehr unter den Begriff „Erziehung" fällt. Da Theorie die Grundlage für die Praxis darstellt (Koller, 2017), sollte dies auch mit einem Blick auf die pädagogische Praxis geschehen, d.h. es sollte die Frage beantwortet werden, wo und wie Erziehung stattfinden kann und sollte bzw. eben nicht mehr stattfindet. Ein Ansatz wäre nach Anderson (2013), die gerade noch tolerierten (d.h. in diesem Kontext: die gerade noch erziehbaren) Zöglinge zu betrachten, da sie die Grenze dessen aufzeigen, was die Gesellschaft (Eltern, professionelle Lehr- und Erziehungspersonen, soziale Organisationen etc.) an Erziehung leisten können. Umgekehrt zeigt der Film „Systemsprenger", der ein Drama um eine psychisch beeinträchtigte, zu Wutausbrüchen neigende 9-jährige behandelt, die durch das Raster der staatlichen Kinder- und Jugendfürsorge zu fallen droht (Fingerscheidt, 2019) und daher nach Anderson (2013) zu den „Anderen", Ausgeschlossenen bzw. übertragen auf die Thematik nicht mehr Erziehbaren gehört, eindrücklich die Grenzen des aktuellen Leistungsspektrums im Erziehungsbereich auf.

Daraus ergeben sich Impulse für die Weiterentwicklung des Erziehungsbegriffs und Optimierungsansätze für die bisherigen Definitionen. Einige möchte ich kurz anreißen: Erziehung findet weder fachlich noch praktisch im luftleeren Raum statt. An vielen Stellen fällt auf, dass es z.B. enge Verknüpfungen zum psychologischen Hintergrund gibt. Bspw. schlägt Kant (2007) vor, auf moralisch falsches Verhalten des Zöglings mit Verachtung zu reagieren. Bestünde keine Bindung zwischen Zögling und Erziehungsperson, wäre dies wirkungslos. (Anmerkung: Dass diese Handlungen nach Kant (2007) im engeren Sinne nicht mehr unter Erziehung fallen, ist unerheblich, weil er letztlich erzieherische Absichten mit solchen Handlungen verfolgt und sie z.b. nach der Definition von Brezinka (1978) sehr wohl als Erziehung bezeichnet werden können). Aus Brezinkas (1978) Sicht verfolgt Erziehung das Ziel, die psychischen Dispositionen des Zöglings zu beeinflussen – hier enthält das Erziehungsziel sogar das Wort „Psyche". Und die Theorie des symbolischen Interaktionismus, die Kron (1996) in den Erziehungsbegriff integriert, stammt aus der Sozialpsychologie. Daneben gibt es auch Schnittstellen zu anderen Fachgebieten, z.b. zur Soziologie, Ethnologie, Kulturwissenschaft, Philosophie, Medizin, Wirtschaftswissenschaft und Anthropologie. Eine stärkere Integration des fachlichen Hintergrunds anderer Disziplinen in eine Definition von Erziehung erscheint daher sinnvoll.

Daneben werden in der Literatur im Zusammenhang mit Erziehung immer wieder ähnliche Probleme diskutiert, z.b. Kommunikationsprobleme, Machtmissbrauch, zulässige Erziehungsmittel und -ziele, Beziehungsgestaltung zwischen Erziehungsperson und Zögling, gesellschaftliche Organisation von Erziehung oder zugrundeliegende Werte und Normen. Für diese gilt es – basierend auf dem theoretischen Hintergrund verschiedener Disziplinen – Antworten zu finden und sie in eine Neugestaltung des Erziehungsbegriffs einzubeziehen.

Ein weiterer Aspekt ist die praktische Anwendbarkeit der Definition. Durch Überprüfung der Umsetzbarkeit kann die praktische Relevanz geprüft und gleichzeitig können Ansätze zur Weiterentwicklung der Theorie gewonnen werden. Gleichzeitig wird dadurch die gesellschaftliche Debatte angestoßen, in welchem Rahmen Erziehung stattfinden kann und sollte, wie engmaschig das Raster sein muss, damit niemand mehr durch fällt (z.B. in welchem Umfang Erziehung stattfinden kann, soll und muss und in welchem Maß von allen Elementen der Gesellschaft geleistete Erziehung standardisiert werden kann bzw. individualisiert werden muss), wie der Aufgabenbereich der mit „Erziehung" betrauter Personen begrenzt ist und welche Tätigkeiten in den Aufgabenbereich anderer erziehungswissenschaftlicher Teilgebiete fallen (wie Bildungseinrichtungen und der Sozialisation).

Als Fazit lässt sich festhalten, dass die Definitionen des Erziehungsbegriffs von Kant (2007), Brezinka (1978), Kron (1996) und weiterer genannter Wissenschaftler eine gute Basis darstellen. Sie sollten jedoch in Bezug auf ihre Schwachpunkte kritisch reflektiert, weiterentwickelt, mit dem Fachwissen aus anderen Disziplinen ergänzt werden und hinsichtlich Umsetzbarkeit in die Praxis überprüft werden. Vielleicht gelingt es dadurch in Zukunft Inkonsistenzen und Widersprüche aufzulösen und ein komplexes soziales Geschehen wie situationsspezifisches, taktvolles, individualisiertes, erzieherisches Handeln in komplexen sozialen Situationen der Realität durch eine allgemeingültige Definition umfassend zu beschreiben, damit es der Begriff für die erziehungswissenschaftliche Forschung zugänglich und für die Praxis greifbarer wird.

5. Selbstreflexion

Zum Abschluss möchte ich in einer Selbstreflexion zwei Aspekte beleuchten: Die Thematik und die geschlechtergerechte Sprache. Anfänglich erschien mir das Thema abstrakt und komplex. Nach einiger Auseinandersetzung mit Definitionsansätzen des Erziehungsbegriffs bemerkte ich aber die Vielschichtigkeit und Praxisrelevanz des Themas. Interessant waren für mich auch die Reaktionen von anderen Personen, mit denen ich über das Thema bzw. den Begriff Erziehung gesprochen habe. Während Studienkolleginnen dem Thema eher aufgeschlossen gegenüber standen, schien er für andere eher negativ konnotiert zu sein. Dies scheint Gesprächen zufolge einerseits damit zusammenzuhängen, dass nicht alle Menschen positive Erinnerungen an die Realität in sozialen Institutionen haben, unabhängig davon in welcher Rolle sie damit konfrontiert wurden. Hier besteht offensichtlich noch viel Optimierungsbedarf. Ein weiterer Grund liegt darin, dass der Begriff Erziehung zwar umgangssprachlich geläufig, aber schwer greifbar ist, und die Tätigkeit an sich daher gering geschätzt wird. Mich erinnert das an das berühmte Zitat von Warren Buffet: „Chains of habit are too light to be felt until they are too heavy to be broken" (Buffet, o.J., S. 1). Genau diese starken Ketten, die zu schwach sind, um sie zu spüren, und die auch für die Forschung nur schwer messbar sind, versucht Erziehung aufzubauen. Da sie irgendwann aber aber zu stark sind, um gebrochen werden zu können, sollte die Tätigkeit in ihrer Bedeutung und Auswirkung nicht unterschätzt werden. Rückblickend fand ich das Thema daher auch vor dem Hintergrund meiner Praxiserfahrung sehr spannend.

Bezüglich des Schreibstils war geschlechtergerechte Sprache ausdrücklich gefordert. Daher habe ich mich um Sichtbarmachung und Neutralisierung bemüht, auch wenn ich diesem Thema etwas zwiegespalten gegenüber stehe. Auf der einen Seite unterstütze ich als Studentin natürlich die Gleichstellung und -berechtigung von Frauen, auf der anderen Seite bin ich mir nicht sicher, ob durch scheinbar geschlechtergerechte Sprache nicht der Inhalt missverständlich wird und es vor allem erst recht den Anschein bekommt, dass das Geschlecht eine akzeptable soziale Kategorie wäre, obwohl das Gegenteil intendiert ist. Daher habe ich mich überwiegend für Neutralisierung entschieden, z.B. durch Begriffe wie „Erziehungsperson" und „Zögling". Am Anfang kamen sie mir unpassend und altertümlich vor, aber durch die konsistente Verwendung hoffe ich ihnen eine zeitgemäße Bedeutung gegeben zu haben, die Menschen aller Geschlechtsidentitäten einschießt.

Literaturverzeichnis

- Anderson, B. (2013). *Us and Them?* Oxford: Oxford University Press.
- Bernfeld, S. (1973). *Sisyphos oder die Grenzen der Erziehung.* Frankfurt a.M.: Suhrkamp.
- Brezinka, W. (1978). *Metatheorie der Erziehung. Eine Einführung in die Grundlagen der Erziehungswissenschaft, der Philosophie der Erziehung und der Praktischen Pädagogik* (4. bearb. Aufl.). München: Ernst Reinhardt.
- Brezinka, W. (1990). *Grundbegriffe der Erziehungswissenschaft* (5. Aufl.). München: Reinhardt.
- Buffet, W. (o.J.) *Warren Buffett Quotes.* [WWW Dokument]. Verfügbar unter: https://www.brainyquote.com/ quotes/warren_buffett _384858
- Dolch, J. (1965). *Grundbegriffe der pädagogischen Fachsprache.* München: Ehrenwirth.
- Dolch, J. (1969). Worte der Erziehung in den Sprachen der Welt. In E. Weber (Hrsg.), *Der Erziehungs- und Bildungsbegriff im 20. Jahrhundert* (S. 7-15). Bad Heilbrunn: Klinkhardt.
- Durkheim, É. (1972). *Erziehung und Soziologie.* Düsseldorf: Schwann.
- Erdmann, C. (1999). *Unternehmer und Nachfolger : Die Entstehung von Nachfolgebereitschaft.* Wiesbaden: Springer.
- Fingerscheidt, N. (2019). *Systemsprenger.* Kineo Filmproduktion Peter Hartwig: Potsdam & Weydemann Bros.: Berlin.
- Flitner, W. (1997). *Allgemeine Pädagogik* (15. neubearb. Aufl). Stuttgart: Klett-Cotta.
- Gmurman, W.J. & Koroljow, F.F. (Hrsg.). (1973). *Allgemeine Grundlagen der marxistischen Pädagogik.* Pullach: UTB.
- Janatzek, U. (2006). *Sozialinformatik in der Sozialen Arbeit.* Norderstedt: GRIN.
- Kant, I. (1785). *Kritik der reinen Vernunft. Prolegomena. Grundlegung zur Metaphysik der Sitten. Zweiter Ab-schnitt. Übergang von der populären sittlichen Weltweisheit zur Metaphysik der Sit-*

ten [WWW Dokument]. Verfügbar unter: https://korpora.zim.uni-duisburg-essen.de/Kant/aa04/421.html

* Kant, I. (1983). Über Pädagogik. In W. Weischedel (Hrsg.), *Werke in zehn Bänden. Band 10* (S. 693-761). Darmstadt: Wissenschaftliche Buchgesellschaft.
* Kant, I. (2007). Über Erziehung. In. F. Baumgart (Hrsg.), *Erziehungs- und Bildungstheorien: Erläuterungen – Texte – Arbeitsaufgaben* (S. 42-46). Bad Heilbrunn: Julius Klinkhardt.
* Koller, H.-Ch. (2017): *Grundbegriffe, Theorien und Methoden der Erziehungswissenschaft. Eine Einführung.* Stuttgart: Kohlhammer.
* Kron, F. W. (1996). *Grundwissen Pädagogik.* München: Ernst Reinhardt.
* Kron, F.W., Jürgens, E., Standop, J. (2013). *Grundwissen Pädagogik* (8. akt. Aufl.). München: Ernst Reinhardt.
* Mollenhauer, K. (1972). *Theorien zum Erziehungsprozess. Grundfragen der Erziehungswissenschaft.* Weinheim: Beltz Juventa.
* Noll, M. (2013). *Sexualisierte Gewalt und Erziehung. Auswirkungen familialer Erfahrungen auf die Mutter-Kind-Beziehungen.* Leverkusen-Opladen: Budrich UniPress.
* Schmid, I. (2016). *Der Erziehungsbegriff in der Gegenwart. Vergleich Wolfgang Brezinka und Friedrich W. Kron.* Norderstedt: GRIN.
* Scholz, W.-D., Euler, M. & Schnabel, W. (2005). *Einführung in die Allgemeine Pädagogik* [WWW Dokument]. Verfügbar unter: www.staff.uni-oldenburg.de/wolf.d.scholz/download/material7.2.doc
* Stangl, W. (2019). *geisteswissenschaftliche Pädagogik* [WWW Dokument]. Verfügbar unter: https://lexikon.stangl.eu/7983/geisteswissenschaftliche-paedagogik/
* Urland, V. (2015). *Pädagogisches Handeln anhand Brezinkas Erziehungsbegriff.* Norderstedt: GRIN.